PAROLES DE COLLÉGIENS 1

Claude J. JACQUIER

M'SIEUR! J'PEUX M'RINCER L'ŒIL?

PAROLES DE COLLÉGIENS 1

PROJET ARTOKARPUS

Tome 1
2008-2011

M'sieur! j'peux m'rincer l'œil?

Voilà ce que j'écrivais en 2008 lorsque j'ai commencé à éditer le journal en fiches sur mon site. Ces paroles restent vraies, mais en partie seulement.

«Sauf à de rares exceptions, essentiellement des commentaires, les phrases, dialogues et autres réflexions contenus dans les fiches ne sont pas de l'auteur. Ce sont des propos entendus et rapportés (overheard comme disent les anglais) qui n'engagent que ceux qui les ont prononcés. Et même quand ils sont de l'auteur, cela ne signifie rien car souvent ce dernier est dans un état second dû à la surcharge de travail, autant dire qu'ils émanent d'une autre personne. La réalisation d'une fiche doit être rapide, donc la réflexion qui la suscite ne peut être que spontanée et peu élaborée. Souvent il n'y a aucune intention particulière. Le premier trait posé en entraîne un autre, puis un autre, jusqu'à ce que la fiche se remplisse, peu à peu une idée se dégage et prend corps par auto engendrement. C'est tout.»

En fait, au départ il n'y avait pas que les choses entendues. L'idée était plutôt de me ménager, dans la périphérie des heures de cours des petits moments de détente graphique. De petites annotations spontanées sans idée préalable. Cependant le cours d'arts plastiques a ceci de particulier que la parole y est beaucoup plus libre que dans les autres disciplines. C'est là ce qui fait toute sa grandeur. Le crayon et le pinceau sont pour le jeune humain comme des véhicules merveilleux qui lui donnent, l'espace d'une petite heure, la sensation de naviguer librement bien au-dessus des espaces confinés du collège. L'accroissement d'air qui en découle déclenche immanquablement chez lui, le réflexe de babillage. C'est, pour le pédagogue avisé, la plus roborative des nourritures intellectuelles.

Ces adolescents qu'on estime être simplement inachevés se révèlent plus complexes et plus sinueux qu'on se les représente. D'ailleurs, l'être scolaire n'est ni un enfant, ni un adulte, c'est une entité particulière et multiple, qui n'existe que dans l'enceinte consacrée de l'école.Dans cette enceinte, il semble beaucoup plus imposant qu'il ne l'est à l'extérieur et il dispose de pouvoirs inconnus de ses parents. D'un seul, il peut devenir plusieurs car il outrepasse les barrières de l'individu et de la personnalité pour se tr ansmuer, dans le groupe, en un organisme omnipotent. Cet être aux si étranges facultés se nomme « élève ». Banale et moutonnière en apparence, la parole qu'il dispense peut se révéler originale et singulière pour qui sait l'entendre. Comme les pâtes alphabets flottant sur le potage elle est promesse de jeux et de mots. Peu importe si les mots que cette parole compose se dispersent aussi vite qu'ils se sont formés. Leur trace sensible est suffisante pour révéler clairement la machinerie interne, le système digestif de notre monde, de notre société, présente et à venir.

Une dernière précision. Par « paroles » j'entends, non seulement leurs mots et propos saisis au vol, mais aussi leurs écrits, leurs attitudes et postures, leurs apparences (coiffures, vêtements) et leurs dessins dont parfois je me suis inspiré. Enfin, tout ce qui fait qu'un élève s'exprime en tant qu'élève.

11608

Les trois tomes de « Paroles de Collégiens » sont composés d'un choix, parmi quelques milliers, de 861 fiches. J'ai supprimé toutes celles réalisées « sans intention particulière », celles concernant mes états d'âmes, celles exposant mes colères et ulcérations sur l'état lamentable de notre société « réformopathe » ou encore celles se moquant de la propagande médiatique éhontée faisant passer cet état lamentable et ces « contre-réformes » pour un passage nécessaire et douloureux vers le monde idyllique et prometteur du marché libre et sans entrave. Je les réserve pour d'autres ouvrages.

J'ai aussi indiqué plus haut qu'il y avait une petite différence avec les fiches présentées sur le site. En effet, pour l'édition papier, il a été nécessaire d'en reprendre un certain nombre, ce qui a contrevenu à l'une des règles que je m'étais imposée de ne pas interférer, par la retouche, avec la spontanéité du dessin. Mais, étant donné la facilité avec laquelle je détourne les règles et surtout celles que j'ai cru bon d'inventer, je pense que ce souci de finition ne nuira pas, bien au contraire, à la bonne compréhension du message écolier.

Avertissement :

Certains propos tenus par les collégiens peuvent être très durs. Je ne me suis pas posé une seule seconde la question de savoir si je devais ou pas les faire figurer dans cet ouvrage. C'eût été la dernière des lâchetés que de les censurer. On ne peut être juge et témoin.

Juin 2008

11608

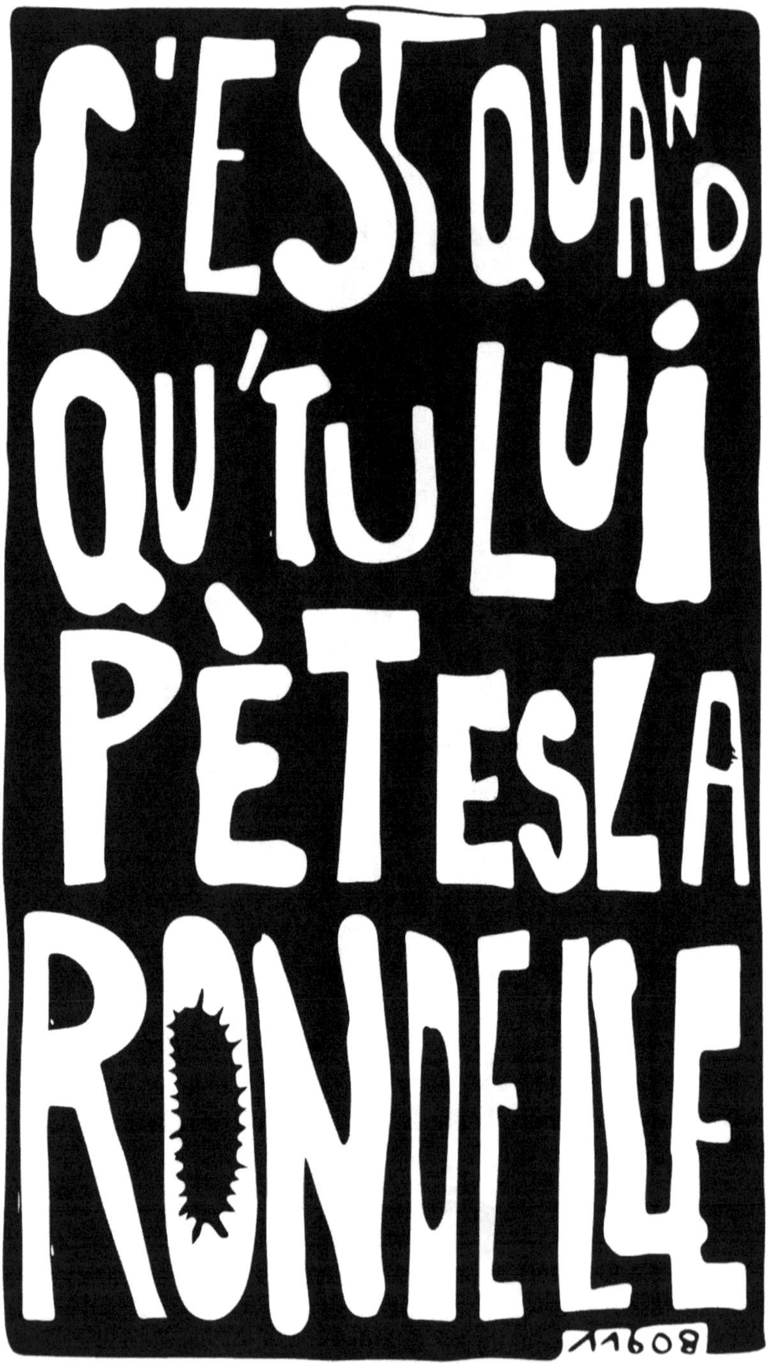
C'EST QUAND
QU'TU LUI
PÈTES LA
RONDELLE

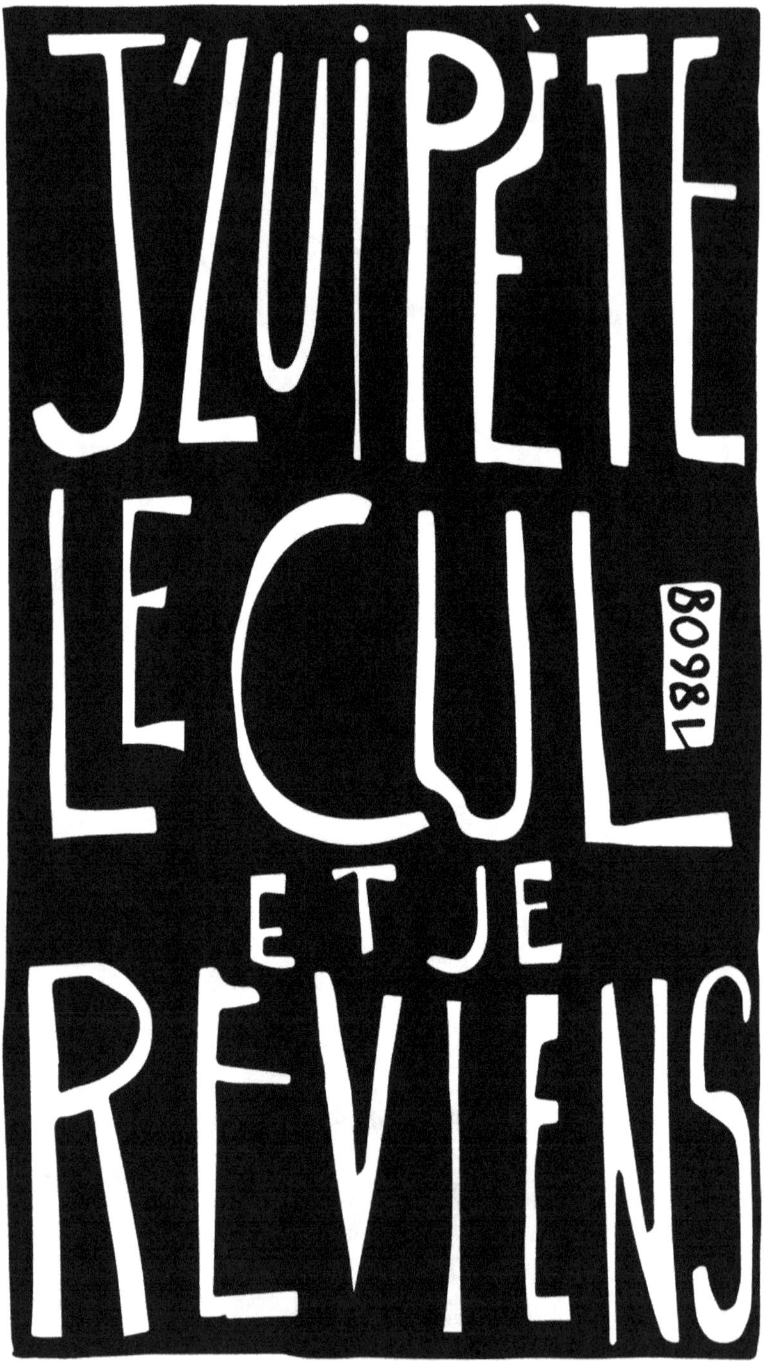
J'LUI PÈTE
LE CUL
ET JE
REVIENS

Rentrée 2008-2009

BYRAN.BAR
RAN
RYBAN.BRAN.

BRYAN
NE SAIT
PLUS SON NOM

08090 √100V

UN PROF INSPIRÉ EN FAC DE PHILO

31008

61108

TEDDY H.

Benjamin
M.
←
Tles
sexy

131108

MONSIEUR ! J'ESPÈRE QU'AUJOURD'HUI ON VA FAIRE QUELQUE CHOSE !
!!?!
QUOI !! JE TE SIGNALE QUE LA DERNIÈRE FOIS JE VOUS AI FAIT UN COURS D'UNE HEURE SUR LES AFFICHES DE PROPAGANDE ! T'AS INTÉRÊT À AVOIR ÉCOUTÉ ! JE VERRAI ÇA DANS TON DESSIN !

PFFFFFFFFF!!!! TOUS LES BEAUX MECS SONT PRIS!

171108

MONSIEUR LE CHAUFFEUR DU BUS M'A FRAPPÉ JE VEUX PORTER PLAINTE

271108

BRYAN EN FORCE!

40

31208

MOTIF N°1
(PRÉFÉRÉ DES
ENFANTS)

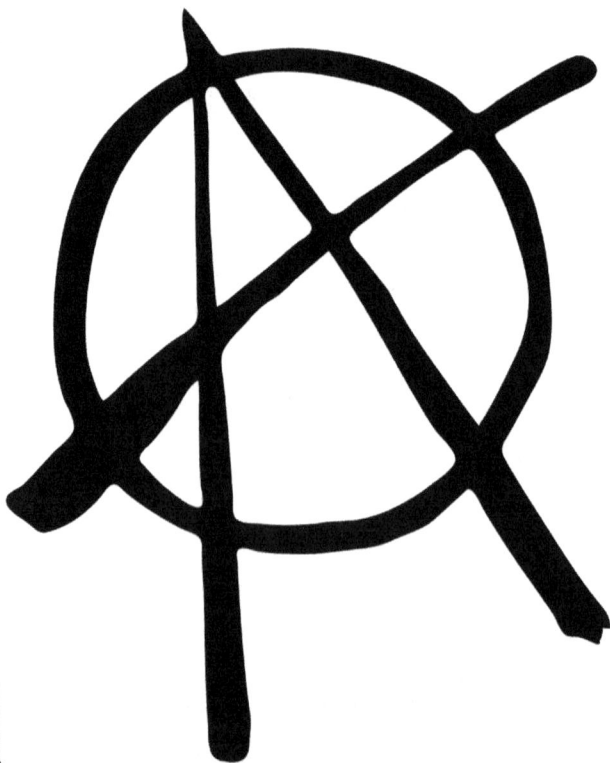

31208

MOTIF N°2
PRÉFÉRÉ DES ENFANTS

C'EST COMME TU VEUX

81208

DORMIR AVEC SON SAUCISSON

1912.08

5109

TOUJOURS BRYAN

14109

HALLO SARAH

JE VEU SORTIR AVEC LUI MAIS JE SAI PAS COMMENT LUI DIRE NI COMMENT Y VA ME LE DIRE.

PENDANT CETEMPS:
VITE JESUIS PRESER
DE LUI DIRE A MILY
QUE VEU SORTIR AC.
ELLE

2h209

LE ROUGE DE MES RÊVES

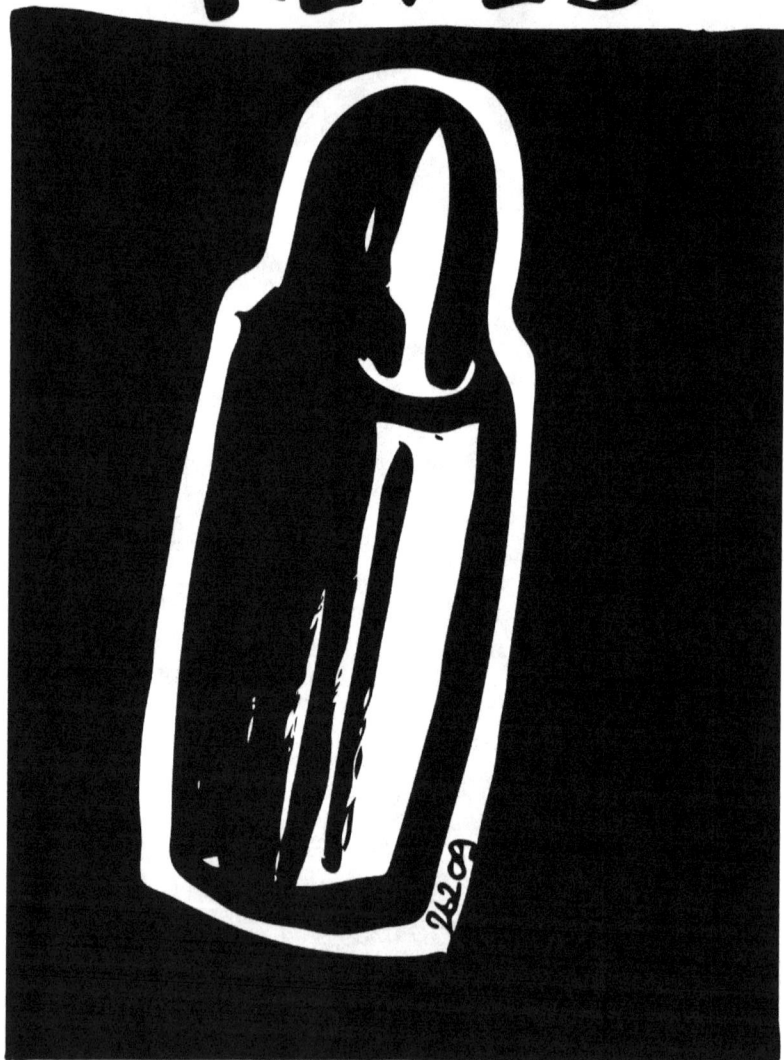

MDR

HA HA HA HA HA HA HA
HA HA HA
HA HA HA

RIGOLER
COMME
UN...

4509

4509

Rentrée 2009-2010

MONSIEUR!
COMMENT ON FAIT?

UN FLAN

UN HÉLICOPTÈRE

UN HOMME QUI COURT

UNE MÉDUSE

101209

171209

71

JOYEUX NOËL Mr. JACQUIER

181209

73

74

MONSIEUR!
COMME TITRE
QU'EST CE QUE VOUS
PENSEZ DE
ALi
CONTRE
LES
RACAILLES

MONSIEUR
J'AI CHANGÉ
JE VAIS METTRE
ALi . VS.
RACAILLES

C'EST
MIEUX

6110

FLEURS de RACAILLES

TU PEUX ENLEVER
TA CASQUETTE
S'IL TE PLAÏT...

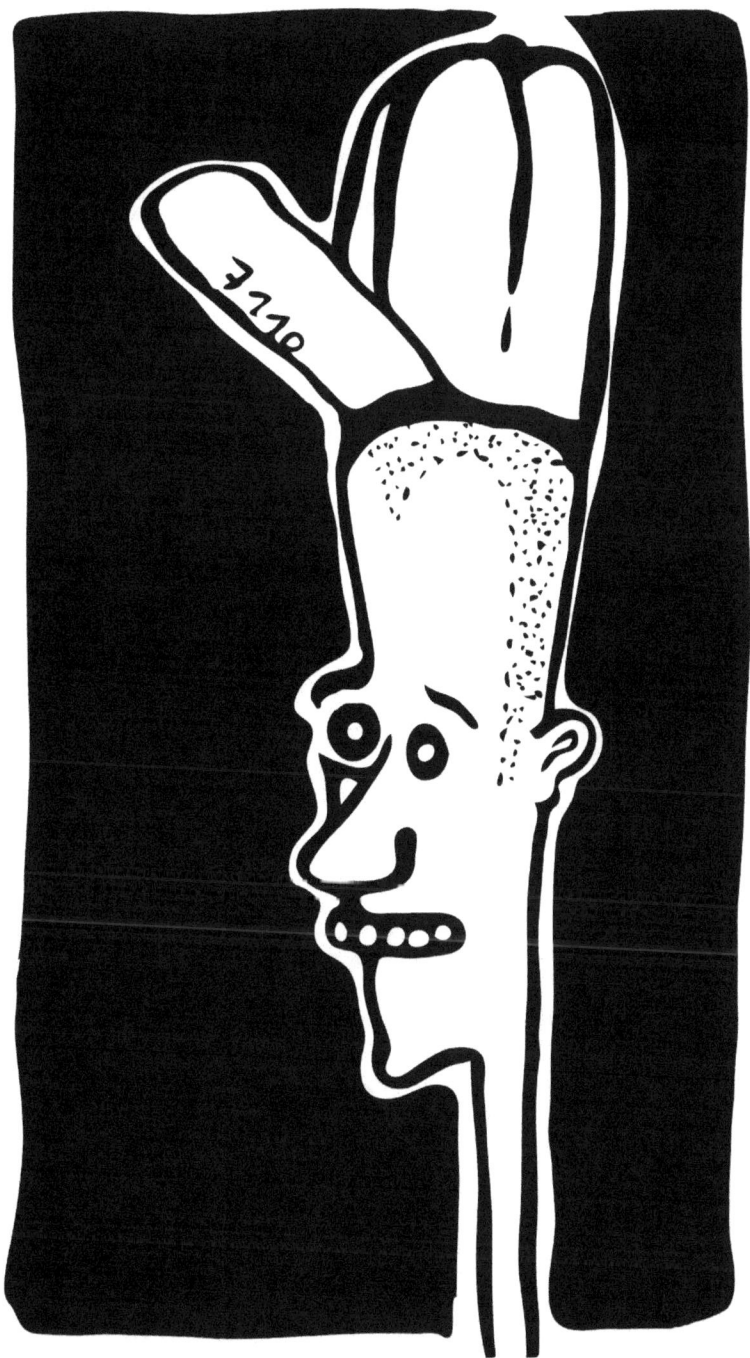

ARRÊTE DE ME CASSER LES COUILLES !

14110

MATIN 8H30
BON ! VOUS VOUS INS-TALLEZ TRANQUIL-LEMENT ET VOUS TERMINEZ VOTRE TRAVAIL.
ET SURTOUT VOUS NE ME FAITES PAS CHIER
28/1/10

28110

MONSIEUR, VOUS SAVEZ LE PETIT GROS À LUNETTES LULU, ET BIEN IL A CASSÉ LA GUEULE À UNE RACAILLE ! INCROYABLE !

3210

ET OUI LES ENFANTS IL FAUT TOUJOURS SE MÉFIER DES PETITS GROS À LUNETTES !

TOU CHE PAS À MA FLÛTE

EN FAIT IL EST GENTIL.
MAIS SI ON TOUCHE À SA
FLÛTE IL DEVIENT FOU...
3210

ET TES PARENTS, ILS NE T'ONT RIEN DIT?

RIEN...

COMMENT ÇA?

MON PÈRE EST MORT ET MA MÈRE SE FOUT TOTALEMENT DE MOI, JE NE LA VOIS JAMAIS... JE SUIS DANS UN CENTRE..

GLUP!

4210

POUF
PAUMÉ
KASSOSS
RACAILLE
NO LIFE
INTELLO
TARLOUZE
CRADE
LÈCHE CUL
BLEDARD
BEAUGOSSE
BALANCE
OBSÉDÉ

8210

93

LES DIFFÉRENTES RACES D'ENFANTS.

8210

MA MÈRE ELLE M'A CONFISQUÉ MON PORTABLE JUSQU'À LA FIN DE L'ANNÉE

ELLE EST DURE TA MÈRE. 1310

MA MÈRE ELLE VEUT PAS QUE JE METTE DES BALLERINES

ELLE EST CHIANTE TA MÈRE

CETTE ANNÉE DANS LA VILLE IL Y A EU 3 MORTS

LA FEMME COUPÉE EN MORCEAUX AU BORD DE LA RIVIÈRE...

DANS DES SACS...

UNE FEMME MORTE JETÉE DANS LE PLAN D'EAU PAR SON MARI QUI L'AVAIT TUÉE.

UN BONHOMME QUI EST TOMBÉ RAIDE MORT DEVANT LE KEBAB.

KEBAB

PEUT-ÊTRE UN CANCER...

3310

TRAVAILLER DANS LES ENGINS PUBLICS DANS LES CLAIRIÈRES

ET BIEN... FERME LA...

15310

ENLÈVE TON SAC DE LA TABLE
QUOI ! MAIS J'AI RIEN FAIT ! J'AI RIEN FAIT !
15310
JE NE DIS PAS QUE TU AS FAIT QUELQUE CHOSE
JE TE DEMANDE SIMPLEMENT D'ENLEVER TON SAC DE LA TABLE
ET DE TE METTRE AU TRAVAIL S'IL TE PLAÎT.

18310

HAPPY CHILDREN

18310 IN SPRING

MONSIEUR! LÉA ELLE VIENT VERS NOUS ET ELLE NOUS DIT: "DO YOU LIKE BITE" ET "DO YOU LIKE ZIZI" ET DES TRUCS COMME ÇA...
..JE SUPPOSE QU'ELLE ÉPROUVE LE BESOIN DE PARLER ANGLAIS
HI! HI! HI!
18310

plus de moutons plus de laine

18310

VENU
dE
l'enfer

18310

POUR tout détruir

D'APRÈS UN DESSIN D'ALAU

109

111

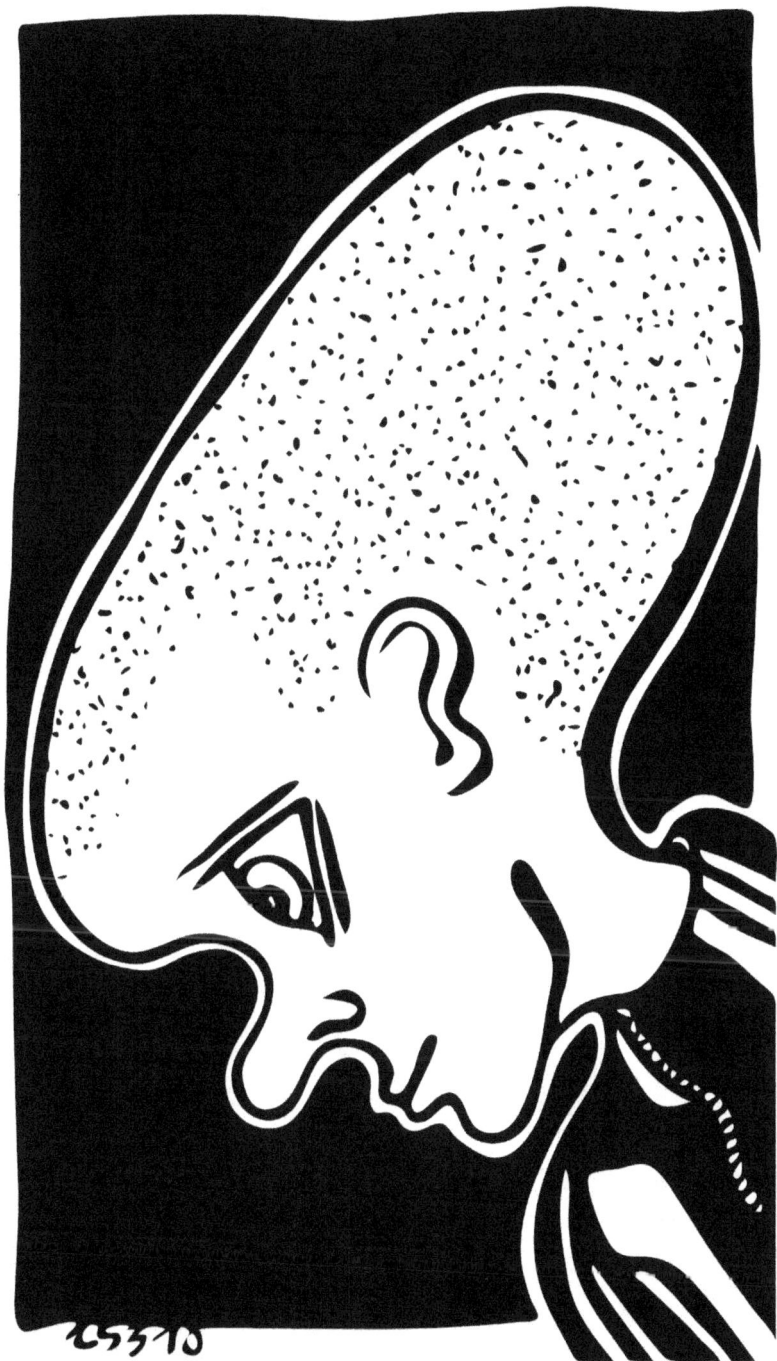

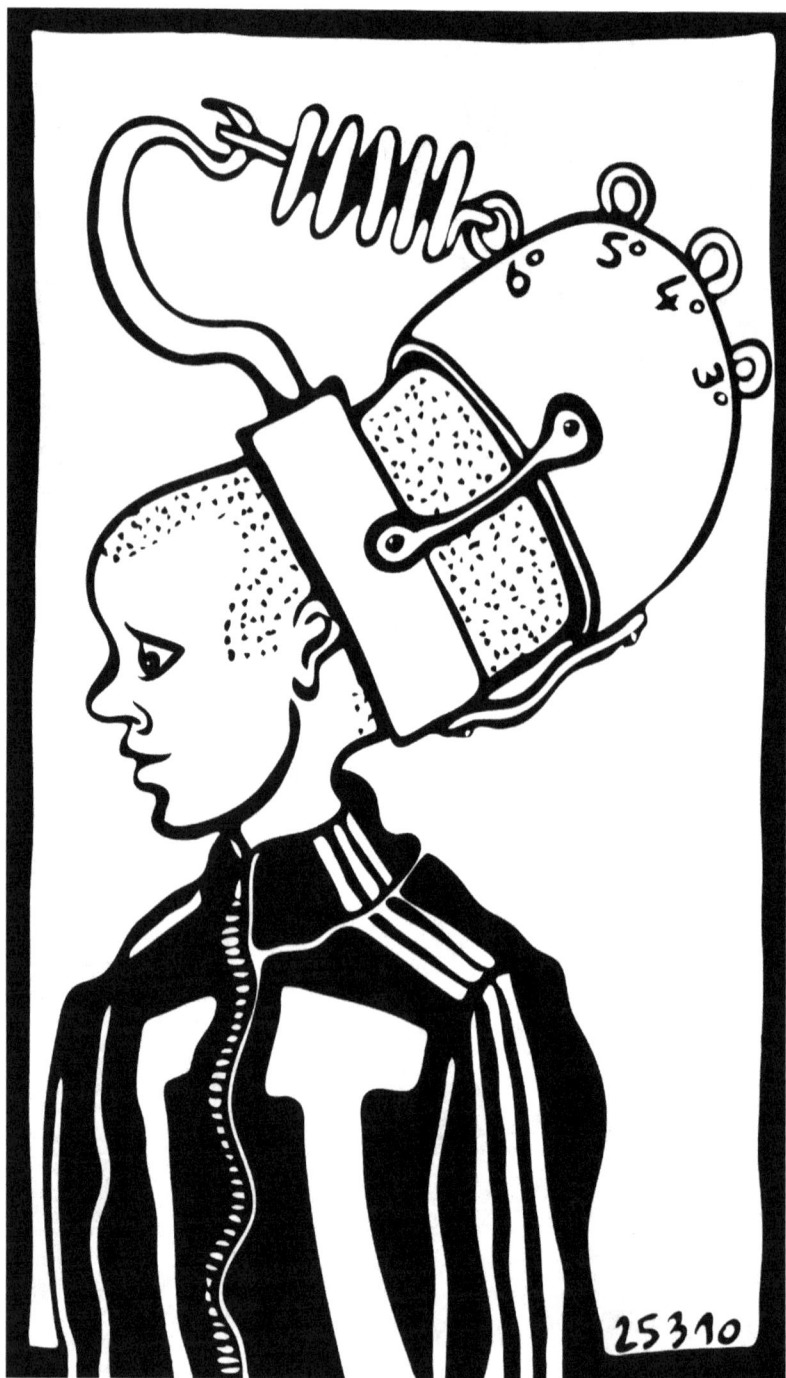

25310

114

25310

25310

116

25310

OUAIS ON S'EN BRANLE!

1410

TU SAIGNES SOUVENT DU NEZ ?

JE SAIGNE DU NEZ UNE FOIS PAR SEMAINE.

MOI, JE SAIGNE JAMAIS ! ON PEUT ME DONNER UN COUP DE POING, ÇA SAIGNE PAS

OUI, MAIS TON NEZ IL EST CASSÉ QUAND MÊME.

OUI.

9410

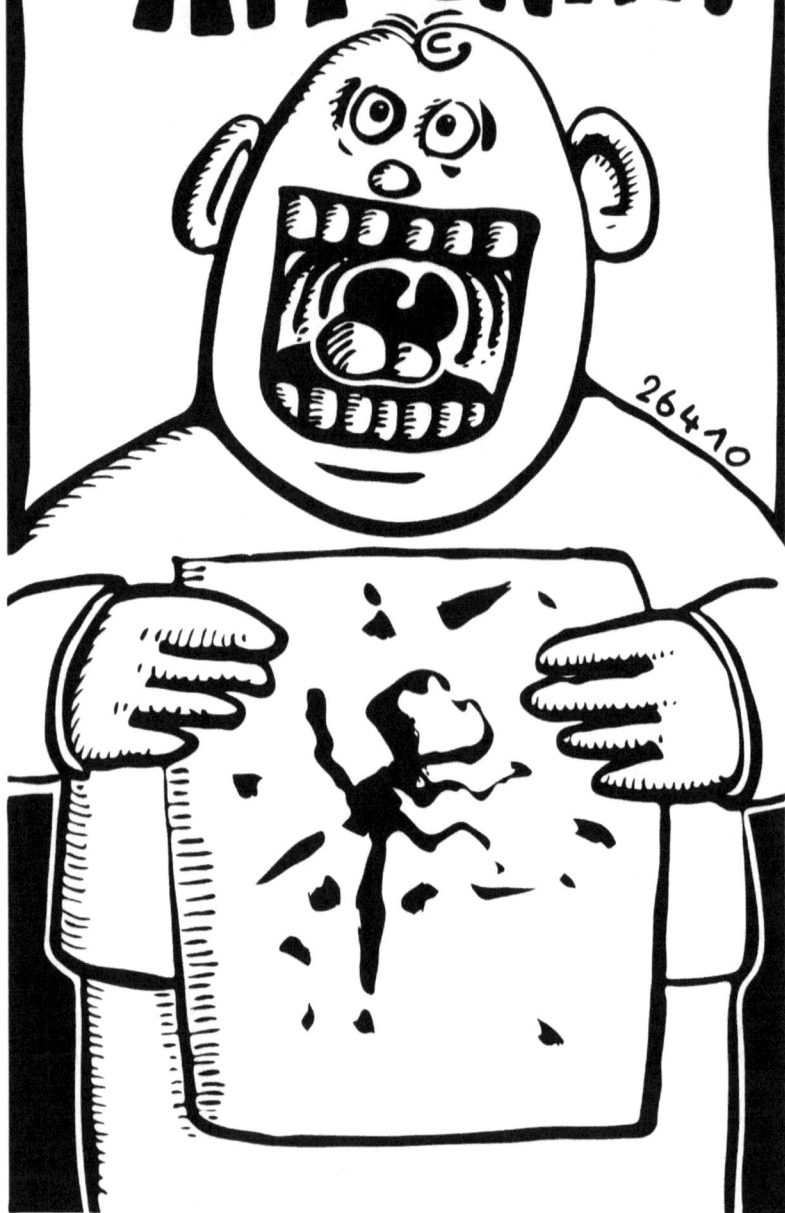

124

L'AVANTAGE DES FILLES C'EST QU'ELLES PEUVENT SE MARIER AVEC DES FOOTBALLEURS
OUI, MAIS ELLES FONT ÇA POUR L'ARGENT
ET NOUS LES GARÇONS ON PEUT ÊTRE FOOTBALLEURS
OUI, MAIS ÊTRE FOOTBALLEUR C'EST FATIGANT!
28410

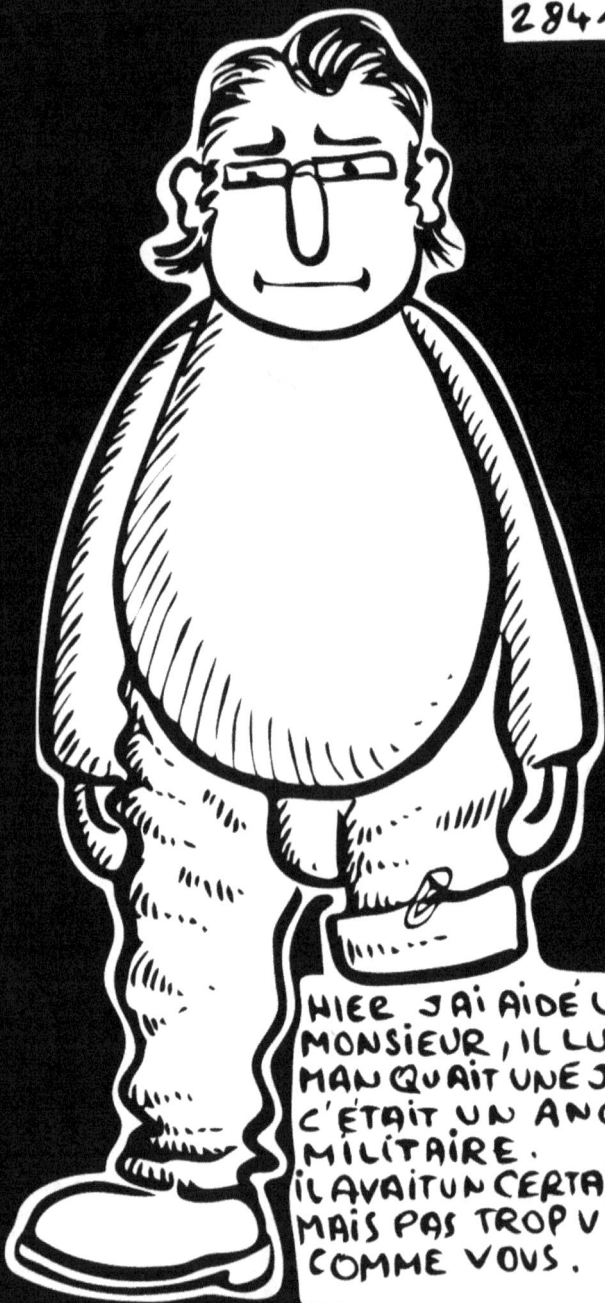

28410

HIER J'AI AIDÉ UN MONSIEUR, IL LUI MANQUAIT UNE JAMBE C'ÉTAIT UN ANCIEN MILITAIRE. IL AVAIT UN CERTAIN ÂGE MAIS PAS TROP VIEUX, COMME VOUS.

UN RETOURNÉ

29410

131

MICHELIN

PIN-PON!! PIN-PON! PIN-PON!

3510

ÇA C'EST POUR LES INCENDIES POUR LA RÉVOLTE QUE DIRAIS-TU DE VIVE LA RÉVOLUTION!!!

TU VOIS, NOUS LES FILLES ON PASSE PAR PLUSIEURS STADES... J'EN AI RATÉ UN.. C'EST POUR ÇA QUE MON MÉDECIN EST INQUIET.

5510

5510

10510

10510

SOUVENIRS D'ANGLETERRE
RYL
26510
LES HAMBURGERS SONT PLUS GROS

14610

JEUNESSE ET CINEMA
(AUTHENTIQUE)

17610

17610

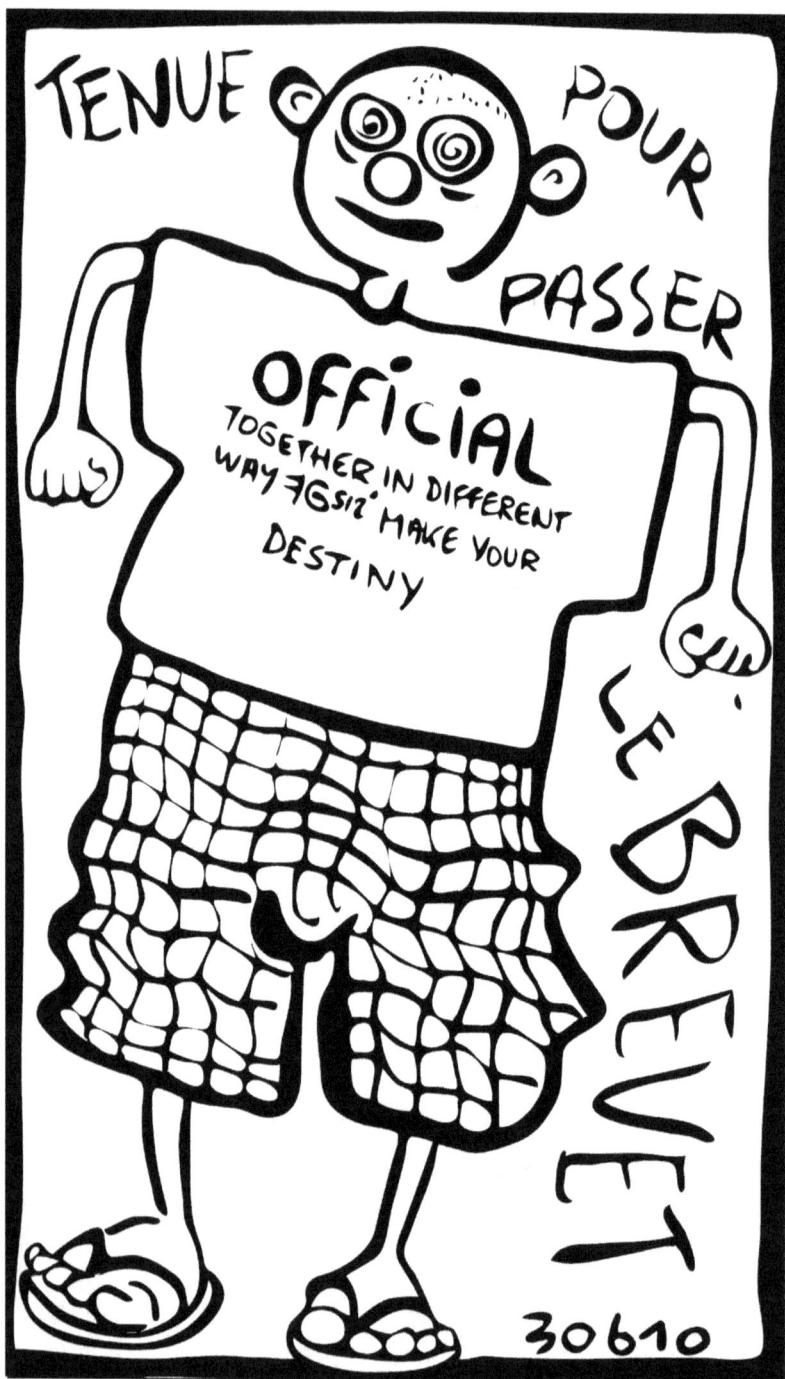

TENUE POUR PASSER LE BREVET

OFFICiAL
TOGETHER IN DIFFERENT WAY 7GS12' MAKE YOUR DESTINY

30610

Rentrée 2010-2011

SOU MISE?

COMPÉTITION • CONTRE TOUS • GUERRE DE TOUS TION DE L'AUTRE • MÉRITE • NÉGA- ÉFFICACITÉ • RENTABILITÉ • LE MEILLEUR • DOMINATION • CHEF • MORT AUX FAIBLES • EXCELLENCE • SOUMISSION

MOI! J'AI 1, 2, 3, 4... 7 TÉLÉS... UNE DANS CHAQUE PIÈCE!

MOI! J'EN AI QUE 2...

MOI! J'EN N'AI QU'UNE, MAIS ELLE FAIT 1,40m DE DIAGONALE! 111010

SI T'AS UNE CHAMBRE POUR TOI TOUT SEUL ALORS TU FAIS PARTIE DES BOURGEOIS...

C'EST COOL D'ÊTRE UN BOURGEOIS. ET TOI, T'ES DANS UN F2 ET TU DORS AVEC TES FRÈRES T'ES DONC UN CASSOS

CASSOCE

BOURGEOIS

175

81110

151110

241112

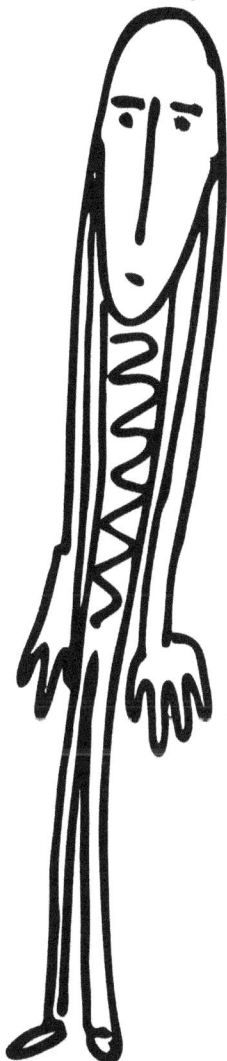

ELLE EST PAS NÉE POUR TE PLAIRE!

261110

Vous allez dessiner la carte d'une île imaginaire.

UTOPIAE INSULAE FIGUR

Voyez celle-ci, c'est l'île d'Utopie. En 1516, Thomas More, humaniste et homme politique...

1

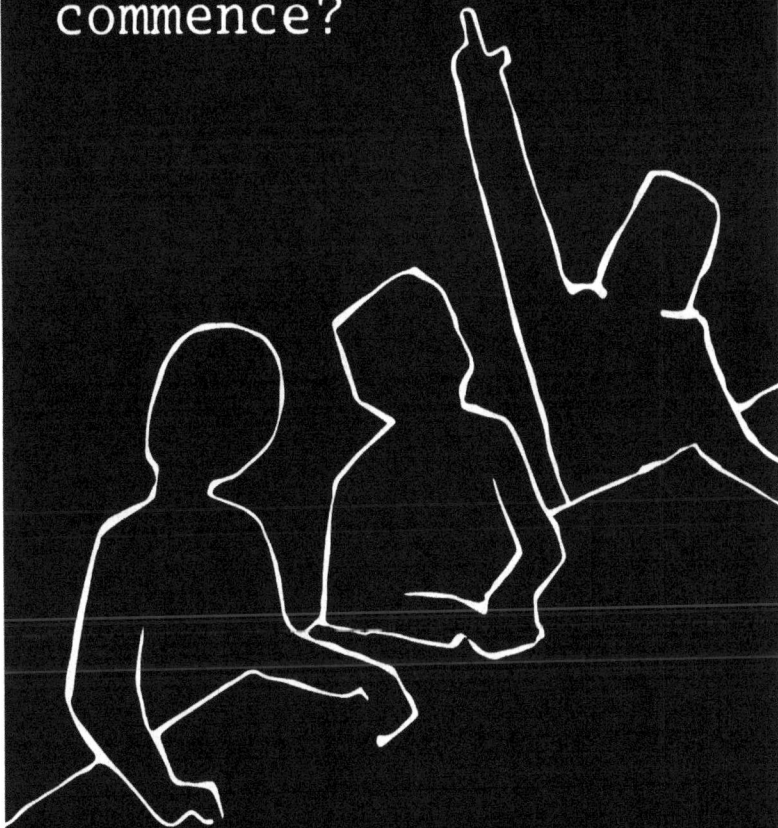

261110

C'EST UNE FRACTURE ON VA T'EMMENER À L'HÔPITAL
M'SIEUR! VOUS AVEZ VU, IL PLEURE COMME UN PÉDÉ!!
21210

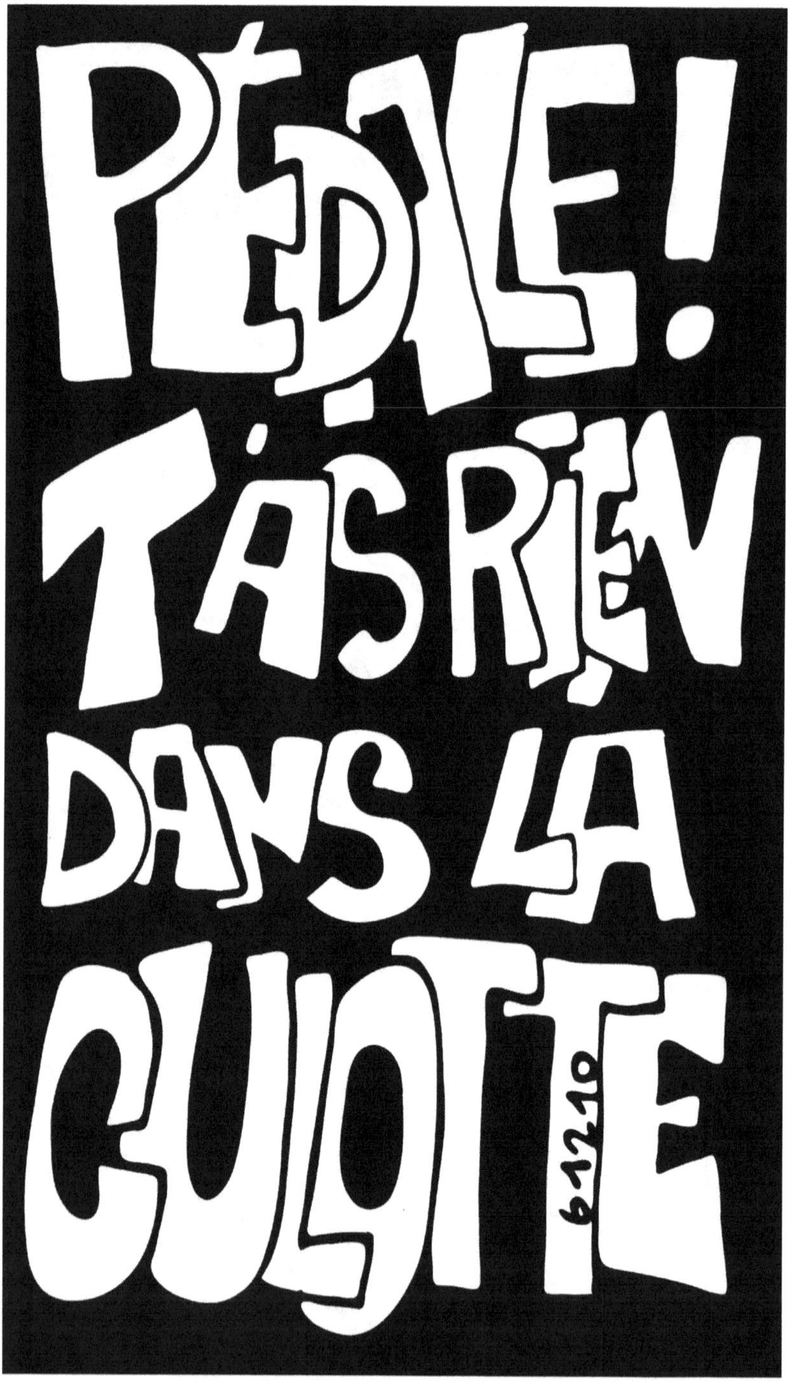
PÉDALE !
T'AS RIEN DANS LA CULOTTE
6.12.10

MOI J'AIME BIEN MON VOISIN PARCE QU'IL A UNE PISCINE!

ET MON PAPA, LUI IL L'AIME BIEN PARCE QU'IL LUI DONNE DES SALADES...

M'SIEUR ! LES MARINS ÇA A DES RAYURES NOIRES ET BLANCHES ?

NON, ÇA C'EST PLUTÔT UN BAGNARD.

04.2018

201

AH! AH! VOUS AVEZ COMPRIS?...

LES FEMMES C'EST COMME LE POULET C'EST LE BLANC LE MEILLEUR

"LES TRACES DE BRONZAGE!!"

COMMENT ON FAIT UN VELO ?

13 12 10

161210

MON AUTRE GRAND-MÈRE JE L'AIME BIEN... MAIS ELLE ME FAIT COUCHER DANS UNE CHAMBRE OÙ Y'A PLEIN DE POUPÉES SUR LE LIT... ELLES ME FOUTENT TROP LA TROUILLE !
7111

10111

M'SIEUR! DES FOIS, ON PEUT BIEN VOIR LE SOLEIL ET LA LUNE EN MÊME TEMPS?
-OUI -

20111

27111

28111

225

RÉCAPITULATIF DES MOTIFS PRÉFÉRÉS DES ENFANTS EN 2011

UTILISATIONS PARTICULIÈRES DU MOTIF DE LA FLAMME

SUR LES FLANS D'UN BOLIDE...

CRACHÉE PAR UN DRAGON TERRIFIANT 3211

JE N'AI PAS DIT QUE TU ÉTAIS UN ABRUTI - J'AI DIT QUE TU TE COMPORTAIS COMME UN ABRUTI!

MOI J'ESSAYE D'ÊTRE AMIE AVEC TOUT LE MONDE. ICI, AU COLLÈGE, IL VAUT MIEUX ÊTRE BIEN AVEC LES RACAILLES. MOI ÇA VA AVEC EUX J'AI PAS D'HISTOIRE ET ILS ME LAISSENT TRANQUILLE.

72 M

PAR CONTRE, JE FAIS AUSSI DE
MON MIEUX POUR ÊTRE AMIE
AVEC LES PAUMÉES, C'EST
SOUVENT DES FILLES AU LOOK
COMPLÈTEMENT POURRAVE
MAIS QUI SONT DE BONNES
ÉLÈVES. PLUS TARD ELLES
SERONT PETITES CHEFS OU
DIRECTRICES ELLES
SE VENGERONS DE CE
QU'ELLES ONT SUBI
À L'ÉCOLE. SI PAR
HASARD, PLUS TARD, JE
TOMBE SUR L'UNE
D'ELLES ELLE
M'AURA À LA
BONNE.

7211

le cheval et la plu noble conquette q'l'hom.

21211

237

238

INTERDI
DE
TUÉ
LES
LÉOPART
QUI VOUS
MANGE

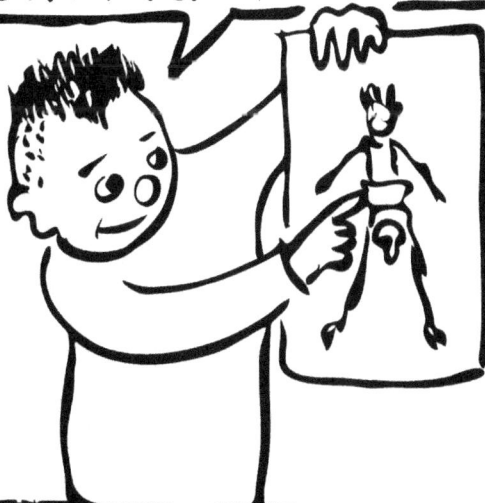

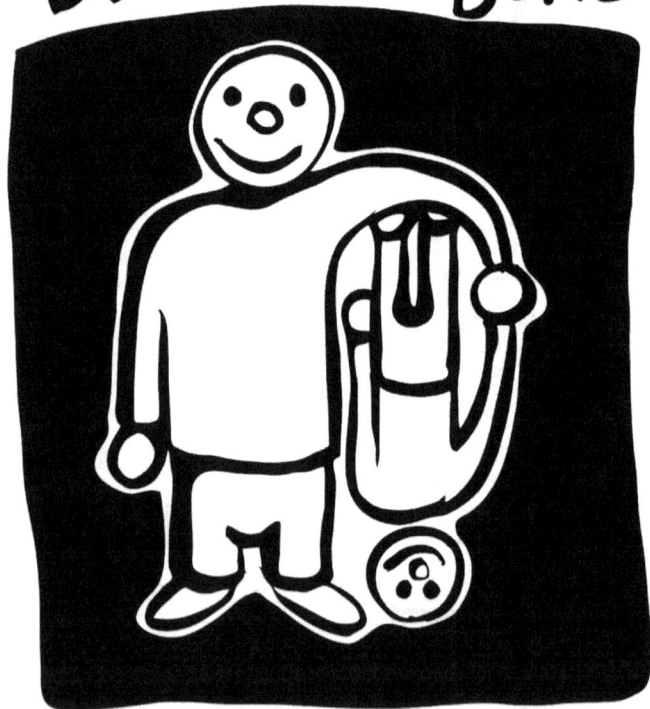

INSCRIPTIONS TROUVÉES SUR UNE FEUILLE FROISSÉE

MAXIMES PRISÉES DES ENFANTS OU ENCORE PHILOSOPHIE ENFANTINE

① L'AMI EST LA BÉQUILLE DU BOITEUX

16311

② L'AMI EST CELUI QUI NE CRAINT PAS DE NOUS RÉVÉLER NOS DÉFAUTS.

T'AS UN GROS NEZ !

1731

④ L'IMAGINATION EST UN MONDE SANS LIMITE MAIS CEPENDANT ACCESSIBLE.

18311

⑤ ENTRE LE JOUR ET LA NUIT, IL Y A LE RÊVE

18311

251

254

255

4411

QUAND JE SERAI GRAND... JE SERAI CHAUFFEUR ROUTIER. JE FERAI L'ITALIE... JE SERAI GROS ET, BIEN INSTALLÉ DANS MA CABINE, JE MANGERAI DES CHIPS...

8411

EST-CE QUE VOUS CONNAISSEZ LE NOM D'UN PHILOSOPHE ?

OUI M'SIEUR ! SHERLOCK HOLMES !

11411

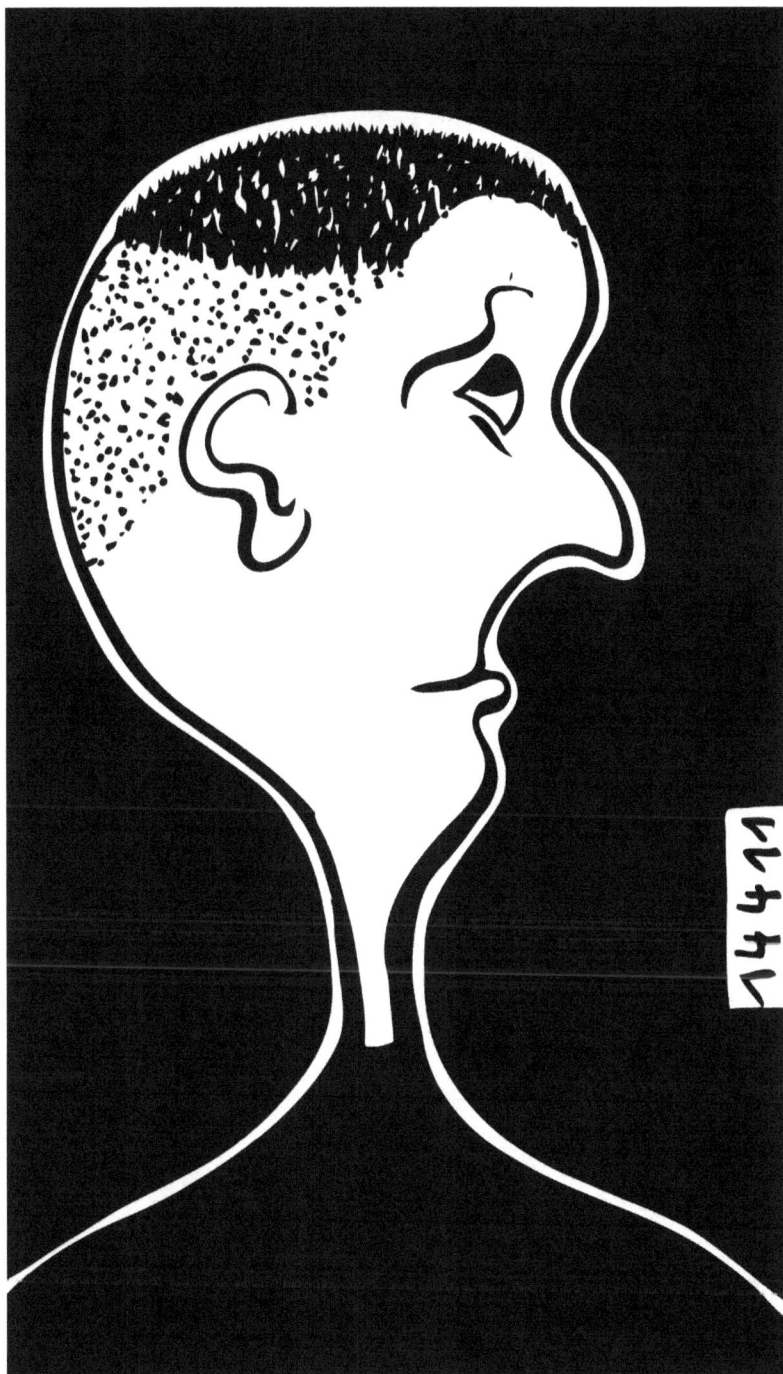

QUAND J'ÉTAIS PETITE, J'ÉTAIS
SUICIDAIRE. JE MONTAIS SUR
UNE MARCHE, JE DISAIS« JE
VAIS SAUTER» ET JE SAUTAIS.
UN JOUR JE ME SUIS JETÉE
DU PREMIER ÉTAGE. JE ME
SUIS FAIT   ASSEZ MAL.

12511

268

T'AS VU, D.S.K. S'EST FAIT ARRÊTER POUR LE VIOL D'UNE MÉNAGÈRE !
C'ÉTAIT UNE GROSSE ?

270

271

M'SIEUR ! VOUS AVEZ UNE MACHINE À REMONTER LE TEMPS ?
POURQUOI ?
POUR TUER CHARLEMAGNE AVANT QU'IL INVENTE L'ÉCOLE

273

AVEC LE SOLEIL ILS RESSORTENT !

23511

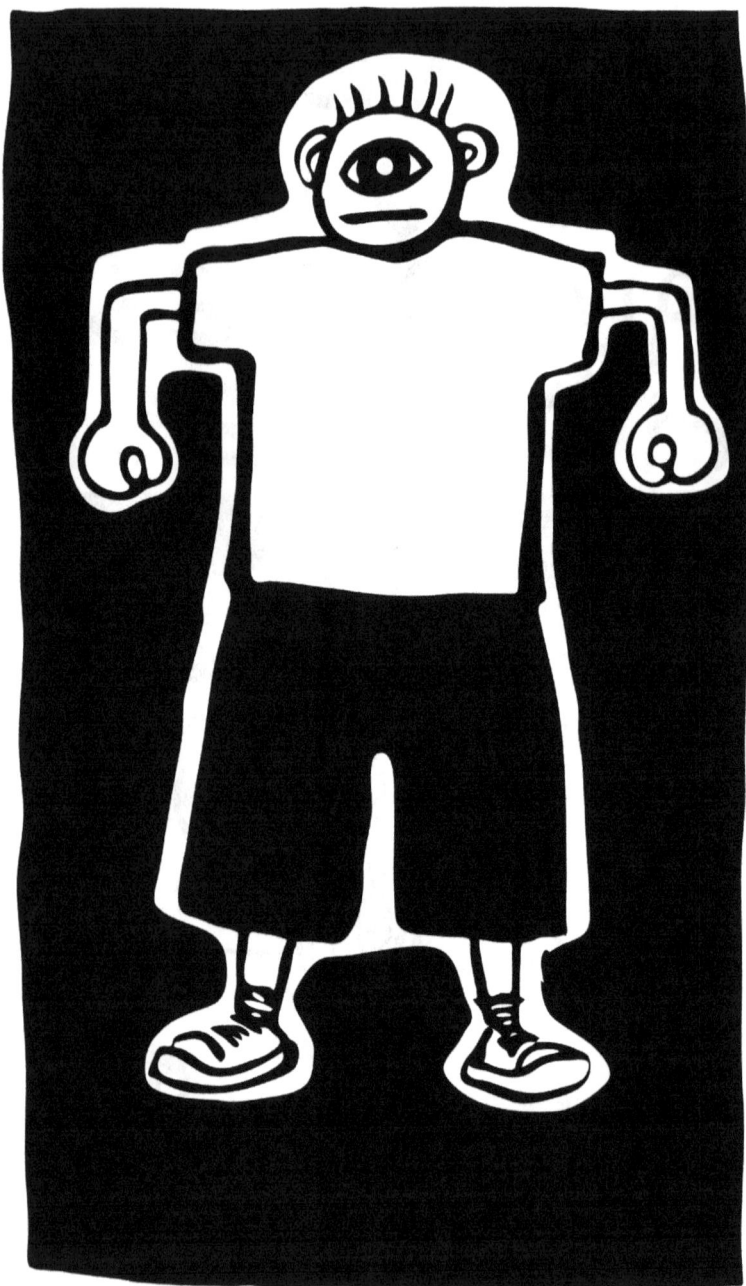

23511

CHLOÉ T'AS COMBIEN? —> 12 !
OCÉANE T'AS COMBIEN? —> 15 !
KÉVIN T'AS COMBIEN? —> 14,5 !
TIFFANY T'AS COMBIEN? —> 13

25511

ET BIEN TU AS L'AIR CONTENT AUJOURD'HUI! POURQUOI SOURIS TU TOUT LE TEMPS?

M'SIEUR! IL A FAIT LE PARI DE SOURIRE TOUTE LA JOURNÉE!

J'AI L'AIR IDIOT... MAIS UN PARI EST UN PARI...

25511

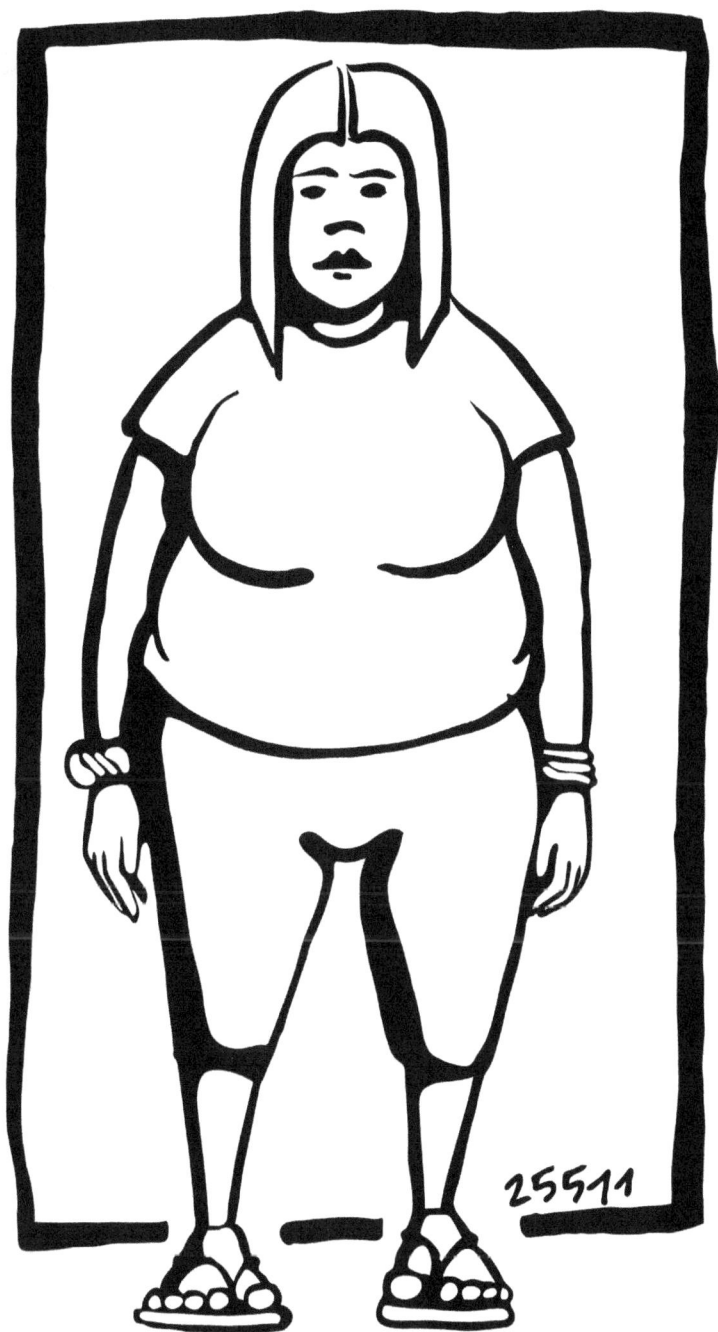

25511

281

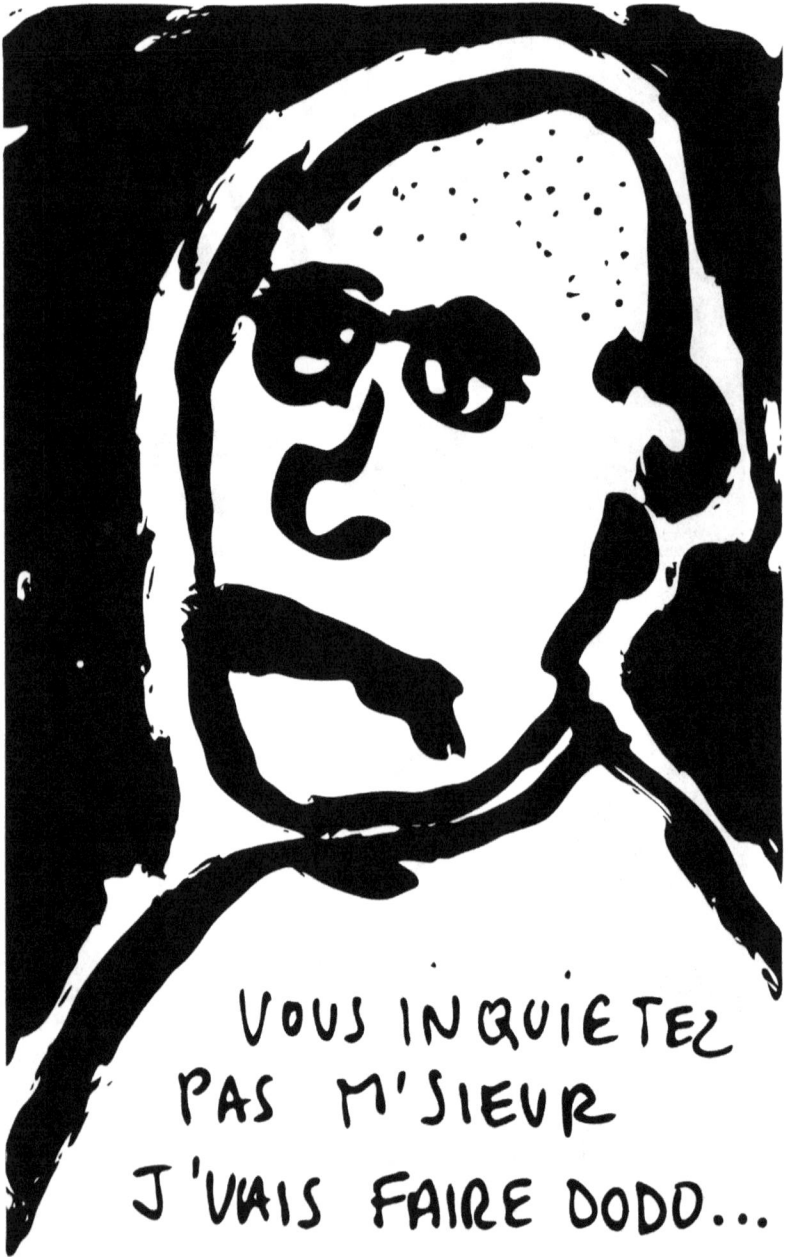

VOUS INQUIETEZ
PAS M'SIEUR
J'VAIS FAIRE DODO...

26511

LES AUTRES
M'APPELLENT
MOUTON...
265m

DONNEZ MOI
UNE AUTRE
FEUiLLE!!
26577

1611

FATALE
L'ARME
DES PETITES FILLES
LE CRI !!

1611

1611

1611

M'SIEUR! VOUS POUVEZ ME DESSINER UN MICKEY MORT?

9611

297

299

DÈS QUE VOUS AUREZ FINI VOUS IREZ À VOS PLACES.

Comment vous faire
Comprendre que vos sacs
ne dissimulent pas, vos
méfaits mais, qu'au
contraire, ils les désignent...

16611

27611

CONSEIL DE CLASSE

Bonus

Levrette *Levrette*

Boris *Boris*

Andrea *audrey*

Raphael *Rafaël*

Estelle *estelle*

Juliette *Juliette*

69 *6 . 9*

Kévin *Kevin*

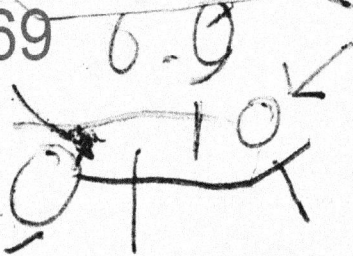

www.totejacquier.fr
ISBN: 978-2-9537240-4-2